CHRIS FUSCALDO CAMILO SOLANO
ISABELA SULTANI

NEY MATOGROSSO: O BICHO DO MATO

Garotinha FM LIVROS

EDIÇÃO GAROTA FM BOOKS
WWW.GAROTAFM.COM.BR | CONTATO@GAROTAFM.COM.BR

DIREÇÃO EDITORIAL: CHRIS FUSCALDO
REDAÇÃO: CHRIS FUSCALDO E CAMILO SOLANO
ILUSTRAÇÕES: ISABELA SULTANI
REVISÃO CRÍTICA: CAMILO SOLANO E LARISSA SARTORI
REVISÃO ORTOGRÁFICA: CHRIS FUSCALDO
PROJETO GRÁFICO: ISABELA SULTANI

COLEÇÃO MÚSICA BRASILEIRA PARA PEQUENOS

Dados Internacionais de Catalogação na Publicação (CIP)
(Câmara Brasileira do Livro, SP, Brasil)

Fuscaldo, Chris
Ney Matogrosso : o bicho do mato / Chris Fuscaldo, Camilo Solano ; ilustração Isabela Sultani. -- 1. ed. -- Niterói, RJ : Garota FM, 2025.

ISBN 978-65-985217-8-3

1. Matogrosso, Ney, 1941- 2. Música - Literatura infantojuvenil I. Solano, Camilo. II. Sultani, Isabela. III. Título.

25-287859 CDD-028.5

Índices para catálogo sistemático:

1. Literatura infantil 028.5
2. Literatura infantojuvenil 028.5

Eliane de Freitas Leite - Bibliotecária - CRB 8/8415

FONTES DE PESQUISA: LIVRO "NEY MATOGROSSO: A BIOGRAFIA" (JULIO MARIA), EXPOSIÇÃO "NEY MATOGROSSO" NO MIS-SP (2025) E FILME "HOMEM COM H" (ESMIR FILHO).

CHRIS FUSCALDO **CAMILO** SOLANO
ISABELA SULTANI

NEY MATOGROSSO: O BICHO DO MATO

1ª EDIÇÃO
NITERÓI (RJ)
2025

Garotinha FM LIVROS

Nasci em Bela Vista, uma cidade de
Mato Grosso do Sul.
Na época, nem existia o
Mato Grosso do Sul,
mas meu pai já era Matto Grosso.
Esse era o sobrenome dele.
Papai era sargento.

Cresci por ali,
solto no **mato**.
Ou **acima** dele.
Vivia pelas árvores comendo frutas.
A minha favorita? **Manga!**
Não tem fruta melhor que a manga!
A gente se
lambuza inteiro, mas daí
o que a gente faz?
Enxuga o rosto
na **manga**
da camisa!
Será que é
por isso que
se chama
manga?

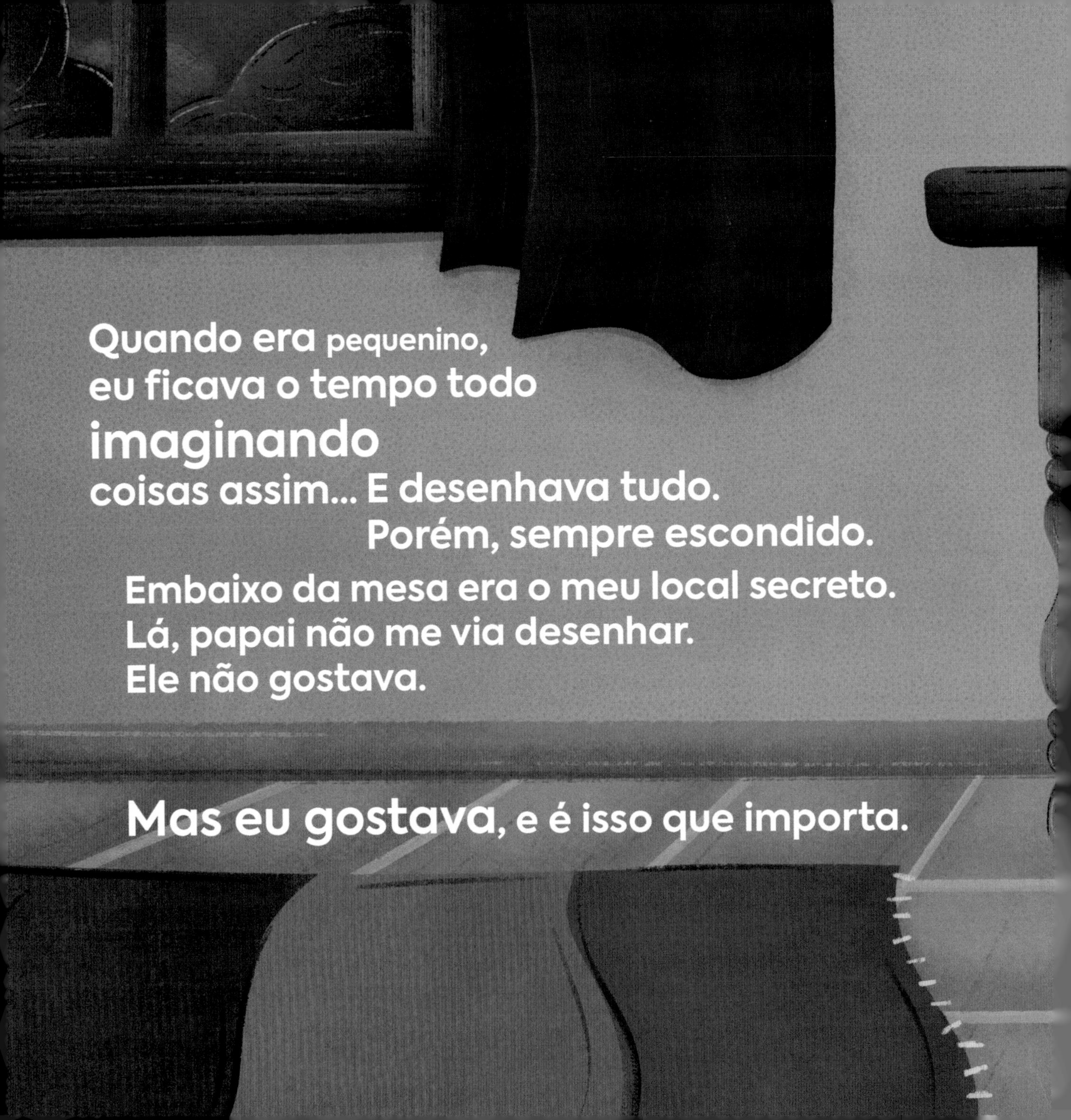

Quando era pequenino,
eu ficava o tempo todo
imaginando
coisas assim... E desenhava tudo.
Porém, sempre escondido.

Embaixo da mesa era o meu local secreto.
Lá, papai não me via desenhar.
Ele não gostava.

Mas eu gostava, e é isso que importa.

Mamãe **sempre** foi minha grande **parceira**.
Ela sempre me entendeu e me apoiou em **tudo**.

Ela é doce como uma manga.

E destemida!

Nas minhas aventuras,
eu andava muito pelas **matas**
e por lá encontrava todo tipo de **bicho**.

Amava observar o jeito deles caminharem...
Os gestos e movimentos que fazem com as patas,
cabeças e rabos.

E os sons? Era um mais **encantador** que o outro!

Junto dos bichos
é onde me sinto mais
humano.
Sou os animais,
sou a chuva,
sou o rio,
sou a
vida!

Sinto que muitos
estranhavam esse meu jeito de ser.

Cansado desse sentimento, decidi **crescer** logo e me tornar independente.

Eu nasci para voar!

Será que por isso que fui para a Aeronáutica?
Virei Soldado.
Não gostei.

Fui cuidar de
pessoas,
trabalhei num
hospital.

Mas o canto dos
pássaros
não saía de mim,
então, comecei a
cantar em um coral.

Um dia, o meu canto foi elogiado pelo regente, que disse que não era comum um **homem** cantar no agudo.

Mas o que é um **regente**? É a pessoa que **conduz** um grupo de cantores.

Comecei como ator em teatro, mas a música me conquistou e assim comecei a cantar sem parar.

Segui meu **caminho**, fazendo minhas **artes.**

Fiz pulseiras, miçangas e **amigos.**

Cada amigo querido era uma miçanga do meu **cordão.**

Uma vez, uma **amiga** me levou para conhecer uma banda que precisava de um cantor:

Secos & Molhados.

O som era tão diferente quanto o nome.

Até começamos a **pintar** os nossos rostos para nos **transformarmos** em **tudo** o que **queríamos ser.**

Virou moda!

Fizemos sucesso!

Tocamos pelo **Brasil todo** e até **fora do país!**

Até que um dia
quis conhecer
**outras vidas,
outros mundos.**

Decidi
**cantar
sozinho.**

Eu me **transformei**
nos **animais selvagens** que conheci na **infância.**

Eu me **transformo** em **todos** eles!
Com minha **voz** e **imaginação**,
meu **palco** se **transforma** na
mata brasileira
onde eu cresci.

No **palco**, eu me mostro **bicho**.

Gravei discos e viajei com meus shows
por **muitos** lugares...

Com muitas roupas e cenários
que me faziam ser **tudo o que eu podia ser!**

Meu jeito único de ser me trouxe muito reconhecimento, mas ainda sou aquela criança no meio do mato, observando, descobrindo e me transformando a cada novo desafio.

Cada passo que dou, sou outro. Venci preconceitos e inspiro tanta gente a assumir o que é, soltando sua voz, seja ela como for.

Eu sou **bicho do mato,**
e é assim que tenho que **ser**
pro meu dia **nascer feliz.**

FIM!